Inhalt

Rückbesinnung auf Kernkompetenzen

Kernthesen

Beitrag

Fallbeispiele

Weiterführende Literatur

Impressum

Rückbesinnung auf Kernkompetenzen

M.Sydow

Kernthesen

- Kernkompetenzen sind Fähigkeiten und Ressourcen, die einen dauerhaften Wettbewerbsvorteil für eine Unternehmung sichern. (11)
- Die Strategie der alleinigen Fokussierung auf Kernkompetenzen kann Gefahren mit sich bringen speziell in wirtschaftlich schlechten Zeiten. (1), (3)
- Eine Synthese zwischen Diversifikation einerseits und der Konzentration auf die eigenen Kernkompetenzen andererseits, gekoppelt mit einer Anpassungsfähigkeit gegenüber Veränderungen der Märkte und der Umwelt, könnte ein Erfolgsrezept für die

strategische Unternehmensführung sein. (2), (11)

Beitrag

Veränderungen in der Unternehmensumwelt wie die Globalisierung, die neuen Informations- und Kommunikationstechnologien, die Fokussierung auf den Shareholder-Value und auch die schlechte Konjunkturlage haben einen Paradigmenwechsel bei der strategischen Ausrichtung von Unternehmen unterstützt. Wachstum und Existenzsicherung durch Diversifizierung war die Unternehmensstrategie der achtziger Jahre. Die Konzentration auf die eigenen Stärken, die so genannten Kernkompetenzen, löste seitdem die Diversifizierung ab. Kernkompetenzen bezeichnen Ressourcen und Fähigkeiten, welche dauerhaft und übertragbar für einen Wettbewerbsvorteil einer Unternehmung sorgen. Diese werden damit zur Entscheidungsgrundlage für die eigene strategische Positionierung und möglicherweise für den Fortbestand der Unternehmung. Der Fokus sollte allerdings nicht nur auf die aktuell bedienten Märkte gerichtet werden. So können auch sich noch entwickelnde Märkte in der strategischen Planung Berücksichtigung finden. (2)

Was macht eine wirkliche Kernkompetenz aus?

Bevor ein Unternehmen sich allerdings für eine Konzentration auf die eigenen Kernkompetenzen also eine Verkleinerung - entscheidet, sind die Kernkompetenzbereiche innerhalb der Wertschöpfungskette zu identifizieren. Folgende Kriterien sind dabei zu erfüllen:

- Die Kernkompetenz sollte die Erschließung neuer Märkte ermöglichen.
- Zudem sollte eine Kernkompetenz wesentlich zum wahrgenommen Kundennutzen des Endprodukts beitragen.
- Schließlich sollte sie von der Konkurrenz nur schwer zu imitieren sein.

Am Beispiel der Dell Computer Corp. soll die Entwicklung von Kernkompetenzen erläutert werden: Dell verkauft selbst montierte Computer im Direktvertrieb zu günstigen Preisen nach dem Vorbild des Versandhandels. Zur Vermeidung einer Imitation des eigenen Konzeptes wurden in einem ersten Schritt sowohl die Leistungsgestaltung als auch der Fertigungsprozess verändert. Die Garantieleistungen für die Computer wurden erweitert sowie ein Vor-Ort-Service durch die Kundenbetreuung und eine kostenlose Hotline für Anwendungsprobleme eingeführt. Zudem konnte der Kunde sein Produkt bei der Bestellung individuell gestalten. In der Fertigung wurden parallel die Prozesse reorganisiert und die Montage durch den Einsatz flexibler Fertigungsroboter vollautomatisiert. Dieser Ansatz verschaffte Dell einen klaren Wettbewerbsvorteil allerdings ohne nachhaltigen Bestand. Daher wurden in einem zweiten Schritt die Ausgaben für Forschung und Entwicklung erhöht, die Abwicklung von Kundenaufträgen beschleunigt und ein Informations- und Kommunikationssystem eingeführt, welches durch Auswertung der Kundendaten Trends im Markt tagesaktuell abrufen kann. Gleichzeitig wurde die Ausrichtung des Fertigungssystems auf Kundenwünsche kontinuierlich verbessert. Dells Kernkompetenz basiert daher auf drei integrierten Einzelkompetenzen: ein individueller und schneller Direktabsatz, hohe Sortimentstiefe bei kostengünstiger Produktion sowie die Fähigkeit den Markt dynamisch zu segmentieren. (11)

Wie erfolgt eine strategische Umorientierung?

Für eine strategische Neuausrichtung sind nach erfolgreicher Identifikation der eigenen

Kernkompetenzen Geschäftsbereiche, die nicht ausbaufähig sind, auszugliedern oder zu veräußern. Bereiche mit Potentialcharakter sind zu erweitern, indem Zukäufe getätigt werden. Im Ergebnis erfolgt eine zunehmend horizontale Spezialisierung des Unternehmens, wobei die eigene Marktposition gestärkt und signifikante Kosteneinsparungen erreicht werden können. (11)

Eigen- oder Fremdleistung

Gerade bei wichtigen Aufgaben oder Prozessen innerhalb der Wertschöpfungskette eines Unternehmens stellt sich die Frage, ob diese extern oder intern bereitgestellt werden sollen. Ausgangsbasis für die Entscheidungsfindung sollte eine fein aufgeschlüsselte Sicht auf Prozesse und Komponenten sein. Prozesse, die in der Funktionspyramide weiter oben angesiedelt sind, lassen sich in den meisten Fällen besser intern verrichten. Aufgaben an dem unteren Ende der Pyramide, wie Fahrdienst, Hausdruckerei oder Kantine können bereits von einem reifen und konkurrenzfähigen externen Markt übernommen werden. Gleiches gilt auch für die Druckstraße, das Management der Desktop-Landschaft und des Netzwerks sowie den Betrieb des Rechenzentrums.

Wichtig ist hierbei die Definition von konsistenten und flexiblen Vertragswerken, um Hindernisse und Risiken sicher abfangen zu können. (3)

Synergien zwischen Kernkompetenz- und Diversifikationsstrategie

Eine reine Ausrichtung des Unternehmens anhand von Kernkompetenzen ist nicht zwingend notwendig. Eine zusätzliche Risikostreuung durch Diversifizierung kann trotzdem erfolgen. Kommt dazu noch die Fähigkeit zu Veränderungen also ein Kompensationsmechanismus gegenüber der Dynamik der Märkte verspricht die eingeschlagene strategische Richtung möglicherweise Erfolg. (11)

Wieso kann es nach der Umsetzung Probleme geben?

Bei der Implementierung einer neuen strategischen Ausrichtung ist immer Vorsicht geboten. Oftmals sind aktuelle Probleme, wie eine schlechte Wirtschaftslage oder Umsatzeinbußen, maßgeblich für die Entwicklung eines neuen Trends innerhalb der Managementmethoden. Problematisch ist, wenn durch diesen Trend nur einzelne Problemfelder innerhalb des Unternehmens angesprochen werden und nicht ganzheitlich vorgegangen wird. Zum Beispiel kann gerade bei mittelständischen Unternehmen eine starke Auslagerung unternehmenskritischer Geschäftsprozesse die eigenen Kernkompetenzen verwässern, so dass die eigene Wettbewerbsfähigkeit darunter leidet. (1)

Im Falle von Outsourcing ist außerdem damit zu rechnen, dass von Seiten des externen Dienstleisters an Stelle von unternehmensspezifischen Lösungen marktübliche Lösungen eingekauft und verwandt werden. Für eine Abgrenzung zur Konkurrenz mit dem Ziel der Schaffung von Wettbewerbsvorteilen kann dieser Weg aber auch nachteilig sein. (3)

Fallbeispiele

Das neu entwickelte Strategiepapier der Sparkassen-Finanzgruppe hat eine Senkung der Kosten in der Abwicklung durch Bündelung der Mengengerüste, eine deutliche Steigerung der Erträge und eine

Stärkung des Verbunds zum Ziel. Die Notwendigkeit für Veränderungen liegt in dem gesteigertem Wettbewerb der Branche. In den letzten Jahren sind in- und ausländische Direktbanken, Banken der Automobilproduzenten und Strukturvertriebe neu in den Markt gekommen. Sparkassen müssen sich daher auf ihre Kernkompetenz die Kundenberatung beim Verkauf von Finanzprodukten konzentrieren. Das Klientel bilden Privatkunden und mittelständische Firmenkunden. Die Stärke der Sparkassen liegt dabei in der Nähe zum Kunden, das heißt sie verfügen über detaillierte regionale Marktkenntnisse und über Entscheidungskompetenz vor Ort. Ziel muss es sein, diese Kernkompetenz auszubauen und durch ein vollständiges Allfinanzangebot zu flankieren. Dafür müssen mehr verkaufsstarke Mitarbeiter eingestellt werden. Zusätzlich sollte eine Messung der Vertriebsleistung jedes Mitarbeiters erfolgen. (5), (8)

Die momentane Krise der deutschen Tageszeitungen erfordert ein Umdenken der Zeitungsverlage. Die Erweiterung des Angebots durch zusätzliche Dienstleistungen wie Ticket-Verkauf oder Home-Shopping stellt einen Ausweg dar. Zusätzlich könnten auch neue Kommunikationsmedien wie SMS oder E-Mail genutzt werden. Neben den dafür notwendigen Investitionen in die Technik ist auch eine Steigerung der Qualität notwendig. Insbesondere deswegen, da der Kunde aufgrund der nahezu kostenlosen

Verfügbarkeit von Informationen im Internet nur noch für hochwertige Information zu zahlen bereit ist.

Im Versicherungsbereich stellt sich die Konzentration auf Kernkompetenzen anders als beispielsweise im Automobilbereich dar. Interne Prozesse sind oftmals nicht genügend transparent, so dass der Erfolg bei einer Ausgliederung schwer nachweisbar ist. In vielen Versicherungsunternehmen sind Steuerungsfunktionen nicht explizit festgeschrieben. Meistens werden sie informell neben dem Tagesgeschäft wahrgenommen. Dies erschwert ihre Ausgliederung. Zudem können auch die externen Dienstleister Probleme mit sich bringen. Für eine Auslagerung sind ausgezeichnete Kenntnisse des Geschäfts notwendig. Normalerweise ist dieses Wissen nur innerhalb der Branche zu finden. Ein anderer Versicherer als externer Dienstleister wird aber immer Konkurrent bleiben und nicht die geforderte Neutralität verkörpern können. Deshalb werden zentrale Funktionen wie die Verwaltung des Vertragsbestandes oder die Policierung nicht ausgelagert werden können. Dennoch werden bereits Teile des Vertriebs oder in Einzelfällen auch der komplette Vertrieb an externe Vertriebsorganisationen ausgegliedert. Ähnliche Ansätze gibt es ebenfalls bei der Schadensregulierung. Bei neuen Produkten können aber auch Kernprozesse ausgelagert werden, da unternehmensintern oft nicht schnell genug eine eigene Verwaltung etabliert werden kann. Zu diesen Produkten zählen beispielsweise die betriebliche Altersvorsorge und fondsgebundene Lebensversicherungen. (3)

Die Marke Nivea der Beiersdorf AG ist eine der meistfrequentierten Markensites im deutschsprachigen Internet. Ein internationales Mastersite-Modell dient zur Markenführung von über 25 länderspezifischen Internetauftritten. Für Beiersdorf ist es wichtig die eigenen Kernkompetenzen hinsichtlich Hautpflege und Kosmetik auch im Internet zu kommunizieren. Deshalb wird neben Informationen zu Produkten und Innovationen auch interaktive Beratung zu ausgewählten Themen angeboten. (4)

Das ehrgeizige Ziel der Internet-Agenturen aus der Phase der New Economy, dem Kunden eine Beratung von der Online-Strategie bis hin zum Webdesign zu liefern, konnte langfristig nicht aufrecht erhalten werden. Der Mangel an Professionalität hat zu einem Vertrauensverlust in der Branche geführt. Unternehmen wie die Berliner Pixelpark AG mussten große Verluste und massive Entlassungen hinnehmen. Die Branche konzentriert sich daher zunehmend auf persönlich definierte Kernkompetenzen und versucht, in Nischen zu überleben. (10)

Weiterführende Literatur

(1) Woehrle, Thomas, Knackpunkte: Kernkompetenzen und Vertrauen, DVZ, 22.05.2003 aus FTD Financial Times Deutschland vom 26.03.2003, Seite 16

(2) Tendenzen in der deutschen Industrie - Effekte veränderter Finanzierungsbedingungen und neuer IuK-Techniken
aus ifo Schnelldienst, Heft 9/2003, S. 23-27

(3) Noch mehr Outsourcing? Ja, ...
aus Versicherungswirtschaft, 15.6.2003, 58.Jg., Nr. 12, S. 945

(4) Nivea.com mit internationalem Mastersite-Modell aus Lebensmittel Zeitung 23 vom 06.06.2003 Seite 030

(5) INTERVIEW "Jetzt die Chancen im Vertrieb nutzen"
aus Die SparkassenZeitung, 06.06.2003, Nr. 23, S. 2

(6) Süß, Oliver, "Microsoft plagen derzeit andere Sorgen als uns", Adobe-Chef Bruce Chizen über sein Erfolgsrezept gegen Microsoft, Adobes neueste Produktoffensive für Firmenkunden, und warum er seine Aktienoptionen stets schnellstmöglichst verkauft, Börse Online, 05.06.2003, S. 21

aus Die SparkassenZeitung, 06.06.2003, Nr. 23, S. 2

(7) Einer, der alles kann
aus acquisa, Heft 06/2003, Supplement Distribution & Vertrieb S. S16

(8) Mahnung an die Sparkassen: Den Wandel leben
aus bank und markt Nr. 06 vom 01.06.2003 Seite 030

(9) Heitmüller, Hans-Michael / Schneider, Karsten, Forderungen professionell und mit Erfolg managen, Betriebswirtschaftliche Blätter, Juni 2003, S. 281
aus bank und markt Nr. 06 vom 01.06.2003 Seite 030

(10) Schrumpfkur für Großmäuler
aus Manager Magazin, 01.05.2003, Nr. 5, Seite 150

(11) Freiling, Jörg, Strategische Positionierung auf Basis des "Produktivitätsgrenzen- Ansatzes", Market-based View und kompetenztheoretische Überlegungen, DBW Die Betriebswirtschaft, 4/02, S. 379
aus Manager Magazin, 01.05.2003, Nr. 5, Seite 150

Impressum

Rückbesinnung auf Kernkompetenzen

Bibliografische Information der deutschen Nationalbibliothek

Die Deutsche Nationalbibliothek verzeichnet diese Publikation in der deutschen Nationalbibliografie; detaillierte bibliografische Daten sind im Internet über http://dnb.d-nb.de abrufbar.

ISBN: 978-3-7379-1183-2

© 2015 GBI-Genios Deutsche Wirtschaftsdatenbank GmbH, Freischützstraße 96, 81927 München, www.genios.de

Alle Rechte vorbehalten. Dieses Werk ist einschließlich aller seiner Teile – z.B. Texte, Tabellen und Grafiken - urheberrechtlich geschützt. Jede Verwertung außerhalb der Grenzen des Urheberrechtsgesetzes bedarf der vorherigen Zustimmung des Verlags. Dies gilt insbesondere auch für auszugsweise Nachdrucke, fotomechanische Vervielfältigungen (Fotokopie/Mikroskopie), Übersetzungen, Auswertungen durch Datenbanken oder ähnliche Einrichtungen und die Einspeicherung und Verarbeitung in elektronischen Systemen.